AF466850

LETTRE

PROPHÉTIQUE ET APOSTOLIQUE

AU JOURNAL L'EUROPÉEN

PAR AMABLE [illegible]

LETTRE

PROPHÉTIQUE ET APOSTOLIQUE

AU JOURNAL L'*EUROPÉEN*,

PAR AMABLE BELLÉE.

Imprimerie d'ÉVERAT, rue du Cadran, n° 16.

PRÉFACE.

Le commencement de la lettre ci-contre explique en partie pourquoi elle a été écrite. N'ayant pu en obtenir l'insertion au journal l'*Européen* où je l'avais adressée, j'ai pris le parti de la faire imprimer en y ajoutant quelques réflexions pour expliquer plusieurs des propositions qui y sont énoncées, afin de donner sinon la solution des grandes questions sociales qui occupent aujourd'hui tous ceux qui savent que ce n'est ni par des mesures politiques prises des erremens de la division des pouvoirs en temporels et spirituels, par le christianisme ou l'athéisme, qu'on rétablira le règne de la justice ou de Dieu sur la terre et qu'on fera le bonheur du genre humain En Europe, de mettre au moins sur la voie, en faisant connaître les principaux points théologiques à décider, en mettant même le doigt sur la solution pour ceux qui ont de la portée dans l'esprit et de l'amour dans le cœur.

Mais il reste encore plusieurs points à toucher et auxquels personne n'a même pensé puisqu'on n'en a rien dit. En voici un entre autres :

Dieu en créant le genre humain, a créé une famille et non des individus, je crois l'avoir prouvé dans la lettre et les réflexions ci-contre. Mais, le christianisme, en confondant d'un côté par son dogme de la fraternité sur la terre et de l'égalité des ames devant Dieu, toutes les classes de la société et toutes les vertus, en réalisant la république sur la terre comme dans le ciel, travaillait pourtant, d'un autre côté, à diviser les classes supérieures, moyennes et inférieures par son dogme sur le mariage; car le mariage se faisant en général de personnes d'une classe, dans la même classe; des hommes de la classe supérieure, par exemple, avec des femmes de cette classe; des hommes de la classe moyenne avec des femmes de cette classe aussi, et de même pour la dernière, conduisait bientôt à une distinction et à une séparation des intérêts moraux et matériels de chacune des classes pour l'autre; de la classe supérieure d'avec la classe moyenne, à son mépris pour celle-ci reporté, au centuple sur la dernière ou le peuple, par la classe moyenne.

En sorte que, progrès, révolutions, comme avantages politiques, passaient et passent toujours d'une classe à l'autre : de la première à la seconde qui, ainsi tour à tour et pour se récupérer ou s'entre narguer de luxe et de richesses, pillent l'une après l'autre le peuple, avez un cynisme dont rien jusqu'ici n'a approché sur la terre.

Or, avec le précepte moral de l'égalité d'une femme et d'une famille de la classe moyenne, à un homme et une famille de la classe *véritablement supérieure* qui le nient avec raison en fait, comment cet homme irait-il épouser et se lier par tous rapports, d'affection, de sang et d'intérêt à une famille secondaire, avec obligation résultant du précepte religieux, d'un côté, et les prétentions de cette famille, fondées sur ce précepte, de l'autre, à être traitée sur le pied d'égalité, reçue et présentée officiellement dans toutes les circonstances? Cet homme ne s'y engagera jamais ou presque jamais.

Mais alors, les classes en ne s'épousant pas, arrivent partout et très-vite à se distinguer d'une manière tranchée et à se détester, et au lieu d'une famille sur la terre, il n'y a plus qu'une troupe d'ennemis!

Or quelle est la solution à cette grave difficulté? Le dogme de la foi nouvelle doit la résoudre, ou il n'y aura pas de foi nouvelle? Pour moi ainsi que je l'ai dit dans le cours de l'écrit ci-contre, je la possède, mais ne la puis jeter ici. D'ailleurs, j'attendrai les révélations de ceux qui, dispersés dans toutes les directions dans le désert, n'ont encore rien produit de vraiment social depuis neuf ou dix mois, quand, moi, je n'y en ai passé que quatre et encore sous l'accablement des plus grands chagrins.

Paris, le 17 Septembre 1832.

*A Monsieur le Rédacteur du Journal l'*Européen,

MONSIEUR,

Sans rechercher à fond si l'article de votre dernier numéro sur les langues écrites et les signes calligraphiques des alphabets des différens peuples, n'aurait pas été suggéré ou au moins excité par une conversation que jai eu l'honneur d'avoir mardi dernier chez un Monsieur de ma connaissance, où se trouvait également une personne active et fort instruite de votre école, et où j'agitai des questions de cosmogonie générale, j'avoue que j'ai été surpris ce matin de lire, non pas précisément mes idées, dans un article plutôt analytique du travail de M. Klaproth, qu'affirmatif, mais qui en annonce un autre; mais enfin, un article sur les langues et l'origine des signes graphiques de leurs caractères, questions qui furent agitées par moi mardi dernier, et sur lesquelles j'émis des idées sur le passé biblique, mythologique et philosophique de tout l'occident de l'ancien monde en deçà de l'Euphrate, et de celui théologique et théogogique de toute l'Asie orientale, avec le grand archipel des Indes. Et comme j'ai déjà remarqué, Monsieur, que M. E.., avec lequel j'avais eu l'honneur de m'entretenir accidentellement de quelques questions secondaires, avait consigné plusieurs de mes vues dans les articles de lui, qui ont été insérés dans votre important journal ; que d'un autre côté, vous avez annoncé il y a plus de quatre mois et pour paraître immédiatement, un ouvrage sur la *Science du développement de l'humanité*, qui n'a pas encore paru, et cela dans un temps où la lumière n'est pas insaisissable pour qui a le cœur droit, c'est-à-dire qui possède les inspirations de la grâce, permettez-moi, Monsieur, de réclamer, ou au moins de vous faire observer, qu'en annonçant ainsi comme étant sous presse et composés, des ouvrages sur des questions immenses et de la plus haute portée, qui ne paraissent pas cependant, ceux qui s'occupent aussi de l'avenir du genre humain, par de profondes méditations sur son passé, et qui pourront bien avoir de grandes choses à dire, n'ayant pas, comme les personnes qui ont un journal à la main, la faculté de l'annoncer, pourraient paraître plus tard n'avoir que copié ou n'avoir été qu'inspirés par les premiers, ce qui ne serait pourtant pas.

Au surplus, Monsieur, et pour faire *entrevoir* de ce dont je m'occupe, et lever seulement un coin du voile qui couvre depuis si long-temps tout l'occident de l'ancien monde, je plante ici quelques jalons, je pose, non dubitativement, mais avec l'assurance de la foi la plus vive, les *quelques propositions ci-après*, que je démontrai être vraies en les développant plus tard pour ceux qui ne pourraient pas comprendre le passé avec ce laconisme :

1° Le genre humain a un avenir éminemment religieux ; et tout athée déloyal qui voudra le gouverner sera chatié par Dieu, même de la main des hommes ;

2° Le genre humain a une grande mission à accomplir, et cela dès ce monde ;

3° Ce monde n'est pas contradictoire, parce que Dieu qui *l'a fait est la lumière même, et qu'il se peint dans ses œuvres*, ainsi, pendant que l'humanité sera désireuse de machines, avides de fabrications, etc., toutes choses qui entraînent une grande consommation de métaux, les métaux ne manqueront pas ;

4° Les mers ne seront un jour que de grandes et majestueuses veines, sillonnant en compartimens variés la boule terrestre, et de magnifiques nappes d'eau ; la perte en évaporation, par le retrécissement des surfaces, sera compensée par l'universalité d'une température douce et élevée ;

5° La terre alors embellie partout ou presque partout, de bosquets, d'arbres contournant des carrés, polygones et serpens de verdure, produira des fruits et des moissons de moins en moins terreux ; c'est-à-dire, dont le poids des principes dits constituans par les chimistes, hydrogène, oxigène, carbone, azote, sera de moins en moins fort, eu égard au volume de ces fruits et des grains. — Alors le fond des populations sera par tribus, répandues sur la terre et marchant sous une même direction, et les hommes, à vertus et lumières supérieures, les visiteront partout et les aideront, en leur enseignant Dieu et ses lois ;

6° Les volcans ne sont pas dus à un foyer central, liquide et embrasé, qui ferait, par ci par là et de temps à autre, explosion (les idées tirées des travaux de M. Cordier, sur la chaleur interne du globe, n'étant que spécieuses à cet égard) ; mais bien d'influences sidérales, atmosphériques et magnétiques, qui n'ont rien de fatal, au point de vue de l'ensemble, et dont la production est réglée par les grandes lois de la Providence sur le gouvernement de la terre ;

7° Les volcans ont produit et sont là cause de toutes les montagnes, les vallées, les continens et les îles ; soit qu'ils aient seulement soulevé, ou soulevé et vomi, ou seulement vomi les matières ; soit qu'en excavant et faisant *place à de grandes masses d'eau*, les mers se retirent des plus hauts fonds et les laissent à *sec :* leur travail à cet égard continue encore et continuera long-temps ; de grandes terres seront produites avant peu de siècles dans l'Océan pacifique et l'hémisphère austral : pour qui sait voir, les rudimens et les fondemens en sont déjà jetés ; alors les eaux prendront en profondeur ce qu'elles perdront en surface : ce sera sous les yeux même de l'homme, ce que les géologues ne comprennent pas encore ; moins les créations qui ont précédé l'homme et qui ne peuvent revenir pendant sa mission ici-bas ;

8° Car, l'homme n'aurait pas pu vivre dans l'atmosphère qui enveloppait la terre aux temps du *ptérodactile*, ce monstre ailé, hideux, au cou d'oiseau, à la tête de serpent, à la charpente osseuse du reptile, aux ailes de chauve-souris, à la monstrueuse grosseur de l'éléphant, et enfin aux quatre pattes courtes et ongulées du lézard, comme cet animal mourrait à l'instant, dans l'atmosphère et le milieu qui entourent l'homme, s'il était sur la terre aujourd'hui ;

9° Jacob, en variant, pour changer la couleur des troupeaux de son oncle et beau-père *Laban*, celle des objets de leurs lieux de repos, de leurs mangeoires et abreuvoirs dans les saisons du *rut*, était beaucoup plus près de la lumière que ne l'est le monde aujourd'hui ; mais ce monde y reviendra, et sans redescendre à l'innocence de Jacob, possèdera une puissance et des vertus plus grandes que lui ;

10° L'homme laboure, change et embellit la surface de la terre par la volonté de Dieu, ou plutôt *Dieu fait* tout cela par le bras de l'homme, comme il laboure l'espace dans l'orbite par le ministère de la planète; et pour cela faire, *il crée et créera toujours, pendant notre séjour ici-bas, des vertus particulières, des lumières supérieures et inférieures, des vocations diverses, afin de remplir toutes les fonctions d'un atelier si varié :* Dans l'avenir, les biens et les joies seront comme les lumières et les vertus.

Enfin, Monsieur, et pour entrer davantage dans le présent, et l'avenir immédiat à ce qui se passe, je terminerai par les propositions suivantes :

1° Le christianisme a très-peu, très-peu servi l'extrême occident de l'ancien monde, et encore il ne l'a fait que pendant très-peu de siècles ;

2° Depuis très-long-temps il lui nuit, et est aujourd'hui la cause de l'athéisme, de l'égoïsme et de l'anarchie qui désolent la terre ;

3° Enfin, si Jésus, au lieu d'être né et d'avoir prêché en Judée, fût né dans l'Hindoustan, ou seulement au de-là de l'*Euphrate*, et qu'en l'un ou l'autre *lieu*, il eût fait ce qu'il a fait en Israël, il n'aurait fondé ni foi, ni groupé d'apôtres, ni établi de religion, et serait mort à son lit.

Je développerai tout cela, Monsieur, et le prouverai aux plus aveugles, d'après les lois de la marche du genre humain, et son élévation progressive et voulue de Dieu. J'exposerai aussi les lois qu'il a suivies dans ses migrations successives, et toujours de plus en plus vers les pôles, en suivant d'abord des lignes perpendiculaires aux grands cercles de lumière du lieu de son berceau (la zone céleste équatorial) c'est-à-dire des méridiens; qu'arrivé à une certaine latitude, y stationnant et s'y développant, puis s'étendant ensuite à droite et à gauche, en suivant des parallèles, autant que la disposition des terrains et la configuration des littéraux le permettaient, il est allé d'un côté vers l'EST, et de l'autre vers l'OUEST, ou l'occident, de manière à venir produire en deçà de l'Euphrate, une nouvelle édition du livre des premiers temps; mais édition confuse, le manuscrit étant resté bien au-delà et ne pouvant plus être consulté. Que marchant toujours, mais que rétrogradant aussi les armes à la main, il retournait souvent vers les anciens patrimoines, comme plus agréables, plus voluptueux, plus spontanément fertiles; tandis que de plus hardis, de plus ignorans, de plus aventureux, de plus ennemis de tout *frein*, franchissant les premières stations sans s'y arrêter, et s'enfonçant dans les *froidures*, dès les premières migrations, fondaient pendant ce temps-là, des religions héroïques, dont les dieux terribles comme eux et le climat, se disputaient déjà les forêts et les bêtes sauvages le fer et le feu à la main.

Que plus tard, on les verra bien transformer cette ardeur en travaux paisibles, et la matière, au lieu de membres palpitans des hommes et des animaux, deviendra bien le sujet de leurs occupations, mais que ce n'est pas encore le temps. Au contraire, que vers les premières stations, l'industrie marche déjà; qu'ainsi, on la voit enrichir et tout embellir en *Perse;* qu'incessamment elle descendra dans l'Asie occidentale et en *Judée;* en *Syrie*, en *Phénicie*, en *Cilicie*, à *Sidon*, à *Tyr*, sur les côtes d'*Afrique*, à *Utique*, à *Carthage*, en *Asie mineure*; et qu'avant tous ces lieux, peu après le déluge et *avant* Abraham, ou lavoit dans les fertiles et agréables vallées supérieures du Nil, où, trouvant une *race* plus faible et inférieure dans l'échelle, les migrans d'Orient s'en servent comme un chef de fabrique se sert encore aujourd'hui, à la foi près, de ses ouvriers, et fondent un empire éminemment théocratique, parce que cela est dans l'esprit de cette race inférieure qui, ne pouvant nullement *discerner Dieu* du monde physique, remue, creuse et façonne des rochers qu'elle croît être *lui*, et que ses chefs ne demandent pas mieux que d'admettre parce qu'ils en profitent. Qu'ensuite, elle descend dans les îles de la Grèce, en Grèce même; plus tard en Italie, mais en Sicile; tout autour de la Méditerrannée, en Gaule et dans la Grande-Bretagne; dans la Germanie ensuite; et que partout dans ces derniers lieux occidentaux, elle deviendra d'autant plus active que le climat est plus froid, et demande plus de vêtemens et de plus variés, et plus de meubles, et surtout que la configuration des côtes et des presqu'îles est plus favorable. Que de là l'explication de cette inquiète curiosité, et de cette pétulance qui caractérise depuis la nuit des temps pour ces lieux, l'humanité occidentale, est facile à saisir.

Je pourrais maintenant retourner à l'origine, et suivre pas à pas l'humanité orientale, si je n'avais été, Monsieur le rédacteur, déjà bien trop long, et montrer qu'elle a agi en tout de même, hors les modifications résultant de la différence des continens, de l'absence de côtes et de mers intérieures, la Caspienne étant plutôt occidentale qu'orientale, et par là, arriver à démontrer, que l'Asie a eu aussi sa Gaule et sa

France, dans la *Chine*, et sa Grande-Bretagne dans le *Japon;* que l'Occident, qui n'a fait qu'imiter, est depuis plus de dix siècles, un million de fois plus immoral, et par conséquent plus athée, que l'Orient; qu'il n'est pas étonnant par conséquent, qu'il n'y soit allé que pour y porter la déloyauté avec le digeste et le code, y remplacer les *vedas* et les monumens *Bouddhiques* par ce fatras impie, et y systématiser partout l'égoïsme, la désolation et le carnage, comme il a fait en Europe ; mais que ces admirables contrées échapperont à cette oppression, par la foi nouvelle *supérieure*, qui, illuminant incessamment la terre, y rétablira le règne de Dieu, ainsi qu'il sera dit deux mots plus bas.

De ce qui précède, il résulte donc, que si ces belles *figures du cercle* et de *la sphère*, qui ont été considérées par les géomètres religieux de tous les temps, comme les *seules génératrices* de toutes les autres figures, elles ne sont pas moins aussi celles qui ont le plus influé sur les destinées du genre humain, et qui y influeront le plus jusqu'à la fin des temps. Ainsi, action et réaction, voilà les phénomènes ou l'univers physique; matière et intelligence, voilà le sujet et l'objet; raison des nombres, voilà la cause, le principe et la fin; les nombres eux-mêmes, voilà sa démonstration et sa mesure.

Or, pour qui sait voir, il est évident que l'humanité est aujourd'hui, dans un de ces grands enfantemens qu'elle a éprouvés jusqu'ici à quelques mille ans d'intervalle : enfantement qui est à son état présent, ce que fut sa lutte pour l'égalité morale, sur l'esclavage absolu, il y a plus de *vingt* siècles en Occident, et plus *vingt-six* pour l'Asie orientale, qui était et a toujours été de plus de 600 ans en avant sur Occident. Or dis-je, cet enfantement, est l'établissement universel du principe de la propriété intellectuelle, remplaçant celui de la propriété matérielle et fatale ; ce qui faisait dire à un écrivain d'une grande portée, il y a 15 ou 16 mois, et sans qu'il se l'expliquât bien clairement, il est vrai : *Le monde a été jusqu'ici la lutte de l'homme contre la nature, de l'intelligence contre la matière, de la liberté contre la fatalité*, ce qui n'est pas ; mais ce qui serait vrai pourtant pour un esprit en dehors de la pensée de Dieu, car sans Dieu tout est fatal. L'élévation et le perfectionnement du genre humain, en dehors de l'idée de Dieu, ne sont plus que des faits humains, tout à fait immoraux, et qui donnent souvent beau jeu à certains journaux contre d'autres ; mais qui sont repoussés par l'instinct des masses, qui n'est pas autre chose que l'action de Dieu se produisant en l'homme non cultivé.

Enfin, il y aura une *loi religieuse nouvelle et universelle*, et, soit que son action soit lente ou prompte, le monde qui va toujours, opérera en *un temps, plus un demi temps, plus un temps*, d'abord : la fusion de tous les peuples de l'Europe, sinon sous la direction d'une seule dictature démocratique, au moins sous la direction d'une même pensée populaire ; et ensuite, la conquête de toute l'Asie par l'Europe, dans la direction de la *Russie*, de la *mer* et de la *Perse*, sera le triomphe et le couronnement de la nouvelle foi. Tout cela se fera en moins de trente ans. Ceux donc, qui ont la direction des grands travaux de la France, doivent baser sur un cadre embrassant et l'Europe et l'Asie, et non selon les *idées étroites du chacun chez soi.*

Agréez, etc.

AMABLE BELLÉE.

J'aurais eu encore bien d'autres sujets à poser dans la lettre qui précède, mais comme elle était déjà longue, et pensant bien que l'espace manquerait ou que l'on pourrait prétexter de sa longueur pour en refuser l'insertion, je devais la restreindre.

J'aurais eu 1°, à soulever la question de cette vénération pour la vache, chez tous les peuples primitifs, et de son adoration encore aujourd'hui dans la presqu'île en-deçà du Gange; à faire voir l'erreur universelle, de considérer comme un très grand hasard pour l'homme la domesticité de certains animaux, parce qu'il serait dit-on, heureusement parvenu à les dompter, ce qui est très-inexact; car le hasard n'a été pour rien dans l'établissement de cette domesticité. Dieu les ayant créés en même temps que l'homme et à la même fin, qui est celle d'aider l'homme à accomplir une destinée qui lui a été assignée sur la terre, et qu'il n'aurait pu et ne pourrait continuer sans eux, il n'a pas eu à les dompter, ils se sont comme donnés à lui.

Cela est si vrai, qu'il n'en avait pas créé en Amérique, parce qu'il n'y avait pas davantage créé d'hommes : le *tapir*, la *vigogue*, l'*alpacas*, le *guanacos* n'étant pas de véritables animaux domestiques; et que l'homme passant en Amérique, soit par les terres boréales et le détroit très-étroit de *Bering*, et de proche en proche par la voie de mer, au travers de la *Polynésie*, comme il est évident que cela a eu lieu pour les peuples de cette contrée, avant les Européens; soit par l'Atlantique au quinzième siècle, il pouvait y en transporter, comme il n'a pas manqué de le faire en effet.

2° La même vénération pour l'eau, et l'adoration des fleuves; celle des hautes montagnes, des serpens, des crocodiles; enfin de toutes les grandes manifestations de la Providence, dans cette imposante et religieuse contrée de l'*Asie*. En Égypte de même, où des migrans d'Orient, antérieurs à Abraham, s'étaient établis, et où pouvant subsister sur place par la grande fertilité du sol et l'enclos de la chaîne *lybique*, avaient pu conserver long-temps cette timidité mêlée de respect, pour les créations de Dieu à l'homme inconnu dans le lieu de sa naissance originelle en Orient, elle devait se conserver dans la vallée du *Nil*. Tandis que tous les migrans, qui, les uns à la suite des autres, et à des époques différentes, s'établissaient par supperposition d'exploitans, d'abord, dans tous les lieux contigus, et faisant demi-cercle autour de l'*Hindoustan*, de l'ouest de la *Chine* à *l'Euphrate* et au *golfe Persique*, plus au nord ensuite tout autour de l'hémisphère, étaient des innovateurs et souvent de violens révolutionnaires qui, n'émigraient ainsi des champs et des villages originels, qu'après avoir tenté d'y renverser les gouvernans, et qui, n'y ayant pas réussi, fuyaient au loin, soit pour éviter les châtimens du pouvoir; soit que sans avoir conspiré, mais que désespérant de jamais pouvoir y arriver à la fortune, ils en émigrassent en troupes, se portassent dans de plus grandes contrées et des contrées plus froides, qui demandassent par cela même plus d'activité, de mouvement, de travaux, d'excursions pour élever leurs troupeaux et y vivre; toutes choses qui, en les mettant continuellement aux prises avec la nature et les phénomènes du monde, leur apprenaient très-vite à mépriser un grand nombre de ces phénomènes, qui, dans les champs du berceau de la création, restaient toujours redoutables, leur nature intime y étant ainsi moins connue.

La sphéricité de la terre est donc l'institutrice de l'homme !

Tout cela explique le bouddhisme et ses hardiesses, comparé aux préceptes bramiques ; l'effusion du sang du *bouc*, du *veau*, de la *génisse* sur l'autel du tabernacle (*Bible*, plus de cent passages), quand ces animaux étaient révérés et qu'on se gardait bien de les immoler dans l'*Hindoustan*.

L'existence des castes dans l'Inde, l'abjection des dernières, n'a pas même d'autres causes ; car Dieu sachant bien, d'après le but qu'il assignait au genre humain sur la terre, qu'il fallait, pour qu'il le remplît, y créer des intelligences supérieures et inférieures, des maîtres et des serviteurs, faute de quoi les moyens ne se trouvant pas en rapport avec le but, le but ne pourrait être atteint, y créa dès le premier jour, des hommes à pensées et des hommes à actes. La famille se forma aussitôt.

Mais, dans le cours des générations subséquentes, les hommes intelligens et énergiques issus des classes inférieures, y ressentant plus vivement l'oppression par leur intelligence *supérieure* même, et ne pouvant cependant renverser les gouvernans et se mettre à leur place, à défaut d'auxiliaires en nombre suffisant qui sentissent comme eux la tyrannie et voulussent s'y soustraire, il ne leur restait que la ressource de l'expatriation, et Abraham, comme les autres patriarches qui gardaient avant, et lors de son arrivée en Judée, leurs troupeaux dans la terre de *Cha-*

naan, n'étaient pas autres que des *proscrits ou des migrans* volontaires des communes primitives ou subséquentes. Or, les classes inférieures de ces communes originelles, perdant ainsi toujours tous ceux qui auraient pu être leurs défenseurs naturels contre les gouvernans, dépérissaient et s'abâtardissaient de plus en plus ; cet abâtardissement fut même très-prompt, et les générations passant vite, la réflexion venant à trouver des créatures si dégradées, crut qu'elles étaient maudites de Dieu. Vieillissant donc ainsi sans jamais grandir, le sentiment de leur religiosité primitive s'obscurcit de plus en plus, pour faire place à un fanatisme sans discernement, et enfin celui-ci, à une démence religieuse. C'est là l'état où elles étaient encore il y a quelques années.

D'un autre côte aussi, cette immolation spontanée, si singulière pour l'ancien monde aujourd'hui, était journalière dans les premiers temps de la création ; car l'homme ignorant la nature intime des choses qui l'entouraient, ayant la révélation de son créateur, mais le confondant avec ses œuvres, et dans chacune de ces œuvres, le croyant exclusivement, le serpent ou le tigre venait-il sur lui, par exemple : il s'agenouillait, joignait les mains, et révérant l'Éternel en cet animal, disait à sa manière : *Ah! Seigneur, que votre volonté soit faite.*

Mais le genre humain, après avoir ainsi par des migrations successives, couvert, défriché, exploité et exploré l'hémisphère jusqu'au pôle, est déjà revenu au lieu de son premier berceau, et, par le ministère de quelques-unes des nations qui le composent, notamment dans le cas dont s'agit, la nation britannique, il relève ces castes avec toute

2

la supériorité physique et intellectuelle, qu'un si grand voyage, que toutes les explorations et analyses qu'il comportait lui ont données.

Or, la terre ainsi connue et explorée en entier reporte de toute nécessité la partie pensante, vitale et énergique de l'humanité sur ses pas, pour y égaliser, réunir, remplir, uniformiser tous les défoncemens, excavations, mauvaises jointures qu'elle avait laissés en arrière dans le terrain intellectuel et moral ; et ce voyage est l'expédition de plusieurs corps d'armées séparés, lancés dans des directions et à des temps différens, mais successifs, sur toute l'Asie par l'Europe; de 4 millions d'hommes, par exemple. Alors, ces armées, après avoir parcouru, sous la direction des pensées unitaires françaises, la grande carte de tout l'ancien monde, moins l'Afrique, et avoir mis une légère couche de couleurs (analogues à celles du fond) sur toutes ces bandes déjà presque imperceptibles, qu'on appelle encore des frontières, elles se sépareront de l'ordre d'un chef, et se rendront dans les trois grandes villes, savoir : *Benares* ou la ville de *Pythagore*, *Constantinople* et *Pekin*, qui deviendront de cette manière trois grandes retraites de garnison, trois villes de premier ordre d'un même empire; et alors, l'unité d'actes comme de foi se trouvant établie sur la terre, Dieu mettra dans les mains du prince ou du père, le *sceptre* et le *fouet*, comme symboles de sa puissance et de sa justice. Ce qui, pour celui qui comprend bien ce que c'est que le règne de Dieu sur la terre, ne sera pas la sévérité d'Abraham; parce que les enfans de ce prince à venir, étant plus grands, plus aimans, plus intelligens que ne l'étaient les fils dbraham, qi étaient plus petits, plus haineux, plus ignorans, comportaient un pouvoir en rapport avec leurs mœurs.

Or, pour qui n'est pas dupe des sottises qu'on débite depuis quatre siècles sur le gouvernement des patriarches, cela vaudra un peu mieux que l'*odieux échafaudage* qui pèse aujourd'hui sur l'Europe et l'Amérique, mais surtout sur l'Europe, et qui ne peut s'y soutenir que par la transformation de populations entières en soldats, l'attirail de guerres sans fin, l'épouvantail de chaînes et de bourreaux !....

Mais pour se faire une idée de la société de cet avenir, qui est bien moins éloigné que ne le pensent quelques-uns, il suffit de prendre l'humanité à son origine ainsi bien connue, et de la suivre dans tous ses développemens ultérieurs jusqu'à nos jours; mais l'humanité entière, et non cette humanité occidentale, biblique et hellénique qu'on prend toujours pour l'humanité en Europe, et on arrivera à poser la thèse suivante, qui est à elle seule le fondement d'un évangile :

Pour celui qui a de la portée dans l'esprit, et qui est animé des sentimens de la grâce, la tribu du Papon de l'Océanie, ou toute tribu primitive, contient en elle tous les rudimens de la société humaine, arrivée au plus haut période que l'on puisse fixer par la pensée.

Or, dans cette tribu, la femme est partout et toujours à côté d'un protecteur ou d'un mâle; quand il meurt ou qu'il est tué, elle passe à l'instant sous la protection contiguë ou éloignée, mais toujours protection d'un autre. Les guerres, dans cette société, n'ont pas d'autres mobiles que l'amour, et le plus fort et le plus brave, est celui dont les femmes se glorifient le plus et qu'elles aiment le mieux.

La femme, dans cette société, n'a rien en propre, hors son enfant, et *elle vit pourtant de tout sans refus et partout.* Après sa nourriture, ses droits successifs consistent dans des vêtemens et des fleurs : le champ devant la cabane, l'espace entourant celle du chef de village, la contrée celle du prince des tribus, avec les bêtes qui s'y trouvent, tout cela appartient aux hommes ou garçons, sous le nom de l'un d'entre eux, souvent de l'aîné, mais pas toujours. Or, si l'on marche avec la tribu, et que l'on s'avance avec elle jusqu'au plus haut degré de civilisation imaginable, tout cela doit se retrouver et se retrouve aussi, si la chaîne des temps a été bien conduite, bien suivie, comme cela a eu lieu pour l'orient transtibétain.

Mais s'il en a été autrement, s'il en a été comme pour l'occident en deçà de la Perse, où les migrations ayant eu plus de stations à faire pour arriver au but, qui était l'occupation de toute la terre habitable dans cette direction; plus d'anneaux de la chaîne à poser, les posèrent mal, perdirent le bout de cette chaîne, et avec elle l'étoile sur laquelle elle s'avançait? alors les ténèbres descendront sur la terre, des pouvoirs surgiront à côté de d'autres pouvoirs, sans raison d'existence, s'entre-niant les uns les autres : un mépris inhumain, et par cela même impie, des chefs pour les inférieurs, en sera la suite; réaction, et après explosion de ceux-ci contre les premiers; carnage du patriciat sur l'esclavage, et réciproquement; et enfin de guerre lasse, transformation d'une lutte si sanguinaire en une lutte de mots : de là les textes et les codes dont l'Occident est inondé depuis 22 siècles!... De là, la misère et le peu de population de tout l'Occident, jusque il y a encore 100 ans, quand l'orient transkachemirien en était couvert! De là, ces chagrins sourds et cachés ! ces gémissemens universels du cœur ! gémissemens minant toutes les ames avant l'âge, et ne souffrant presque jamais d'existence pour la vieillesse ; parce que pouvoirs et religions, passant tous et toujours sur la superficie humaine, n'ont jamais pu aller jusqu'à son cœur !...

Aussi que de maladies, que de morts sans causes apparentes, n'avaient et n'ont encore lieu tous les jours que par ce manteau de plomb qui matérialise et assassine toutes les ames !...

De là, l'explication de toutes ces révolutions ; car le genre humain, comme un malade ignorant le siège de son mal, se tourne et se retourne sans cesse sans éprouver d'adoucissement ; mais les hommes aimans, intelligens et courageux, qui, placés *comme tous, à contre-sens*, et ressentant plus vivement leurs douleurs par leur plus grande sensibilité et la supériorité de leur intelligence même, s'emparent de l'arme de l'ambition, et cherchent à renverser le pouvoir et les gouvernans pour se mettre à leurs places ; non pas cela, par amour du pouvoir en soi, mais par l'autorité, les richesses, l'auréole et le prestige dont il pare ceux qui le possèdent ; afin d'arriver par son moyen à la possession et aux caresses, s'ils sont jeunes et forts ; aux attentions, considération et complaisances s'ils sont âgés et faibles, de femmes comme ils en auraient dans la tribu, et cela avec bien moins de larmes, de tumulte et de sang.

C'est là où en sont aujourd'hui, et depuis bien longtemps en Occident, toutes les nations qui *vivent sous les élaborations de saint Paul*, ou sous l'*athéisme* de ce qu'on appelle en Europe le *pouvoir temporel ;* pouvoir *émanant on ne sait d'où, ne le sachant pas lui-même*. Aussi, pour n'avoir pas à s'expliquer, brandit-il toujours le sabre devant votre tête, et vous le présente-t-il toujours le tranchant sur les lèvres !

On le voit donc, l'amour qui a fait le monde est encore le mobile de tout ce qui se fait dans le monde, mais au moins dans l'ordre de la tribu, il ne met aux prises que le mari et celui qui veut le devenir; dans l'ordre athée, il répand le sang de tous pour la passion de quelques-uns.

C'est par l'amour, que la loi très-incomplète de *saint Paul* a commencé d'être violée; c'est par l'amour, passion légitime, qu'un dogme illégitime en cela a été violé ; c'est encore par l'amour voilé et recouvert de l'ambition que se prolongent l'illégitimité, l'injustice et la déloyauté qui couvrent l'Europe et l'Amérique. Les extrêmes se touchent donc !..... Aussi tout est-il là ! l'Évangile tout entier, et l'ancien chaos tout entier, sont dans ce *fait*, *où Jésus*, pleurant sur son *banc*, pendant qu'une jeune femme qui lui ayant répandu *des parfums sur les pieds, les lui embrasse et les lui sèche de ses mains et de ses cheveux*; tandis que le *pharisien sophiste, aux mains blanches et à l'ame noire, chez lequel il dîne, s'en fâche et la met à la porte*. (Saint Luc, chap. 7).

On le voit donc, je le repète, c'est par l'amour, et uniquement par l'amour que le monde comme l'univers se gouverne; mais là où la cupidité et l'égoïsme sont les sentimens prédominans, sont même les seuls sentimens, peut-il y avoir société? Non sans doute, et là où il n'y a pas société, il y a isolement et cupidité; car vivant seul et pour soi, on n'aime que soi. Or, une conception religieuse, qui, pour éviter le luxe et tuer l'amour, c'est-à-dire la beauté dans le sens naturel et élevé du mot, *isole*, est contradictoire. D'un autre côté, en n'isolant pas, il y a agglomération, et agglomération promiscuité civile de tous les âges et sexes par la vue et la pratique du monde; comparaisons infaillibles des autres femmes à la sienne, par le mari; des autres hommes au sien, par la femme..... En résultat? froideur des deux parts, et puis infidélité du mari envers sa femme, dissimulation, intrigues et chute de la femme envers son mari; toujours indifférence quelques mois après les noces (dès le lendemain même, chez les athées qui ne s'entr'épousent que par cupidité et par tromperie), très-souvent guerre intestine et parfois scandale.

A tout cela impossibilité de rupture ou de séparation, et par conséquent cohabitation forcée; besoins de la nature et hypocrisies conjugales; absence de tendresses et brutalité du mari sans illusion, et conception par la femme sans amour; laideur et stupidité de l'enfant; dégradation organique de l'être, et matérialisation de l'espèce; fatuité du savoir des livres, et ignorance entière des choses; partout athéisme et cynisme du voleur, et déloyauté du traitant!

Voilà l'Europe et l'Amérique telles qu'elles sont présentement, et ce n'est pas la moitié du tableau; car si on montrait que le mariage, qui est pourtant une loi de la nature, ne peut plus avoir lieu par ses dépenses et ses charges, mises en regard du dénuement où cet odieux ordre social a conduit un chacun, on verrait toute la jeunesse des deux sexes forcée de garder le célibat; les luttes de la nature, toujours pénibles, mais trop fortes pour beaucoup; les abus chez tous, trop souvent *de soi* chez les âmes tendres, intelligentes, religieuses et aimantes; les maladies de langueur, de poitrine et mort à la fleur de la vie de tous ceux qui parmi les enfans de Dieu, étaient nés pour guider, enseigner et édifier leurs frères !.... La terre reste donc entre les mains de tout ce qu'il y a de plus sale?..... Et c'est ce que désirent aussi les impies !..... Au surplus, ils ont beau faire, Dieu réformera le monde, car il ne l'a jamais abandonné; et jamais il n'a pourtant été couvert de plus épaisses ténèbres! Seulement, il lui faut le temps de châtier les méchans, et l'époque de ce châtiment approche : c'est alors qu'il y aura des pleurs et des grincemens de dents !.....

De ce point de vue élevé, ce serait ici le lieu de présenter quelques réflexions sur le système social enseigné et développé chaque semaine par le journal le *Phalanstère*, de faire observer à ses savans rédacteurs, que l'harmonie sociale, *manifestement voulue de Dieu sur la terre*, ne peut s'établir ni se maintenir par les moyens et les ressorts qu'ils présentent; et qu'au milieu de beaucoup de bonnes choses, prises en elles-mêmes et séparément, le fond de la théorie sociétaire est complétement faux. Car, n'y eût-il que celle seule qui, supposant (à quelque âge de l'humanité que ce fût), tout homme, le plus ignorant comme le plus savant, apte à venir s'asseoir dans un orchestre, et à y saisir la note, et toujours le ton de cette note qui lui appartient, d'après le plan musical arrêté par le compositeur; apte à saisir dans l'atelier du monde composé et organisé par le suprême compositeur de toutes choses, par l'Être absolu, infini, un et multiple, harmonique par lui-même, le lieu et l'action qui lui sont assignés dans cet atelier, est la plus grande des illusions.

Car il faut bien le dire, l'harmonie sans l'amour est impossible, et l'amour sans les manifestations et mesures qui l'*alimentent*, qui le *nourrissent*, qui le *développent*, meurt ou se transforme en mille et mille *figures*, qui n'étant plus *lui, se font guerre*, *se proscrivent*. Or, comment des êtres angulaires, aspériteux, rectilignes, comme seraient les hommes de l'ordre sociétaire, abandonnés en tout à eux-mêmes, pourraient-ils former un ordre harmonique, quand il est évident que l'harmonie sociale, pas plus que celle de l'univers, ne peut s'établir ni subsister, qu'autant que les individus, comme les astres, sont des sphères roulant par l'amour religieux, les uns sur les autres, ou à côté les uns des autres sans se froisser.

Et à cet égard même, le malheur social actuel n'a pas d'autre cause que, de ce que les mauvais guides des nations, ayant supposé et voulu faire de l'homme une *planche*, l'ont et le veulent gouverner comme s'il était une planche ; tandis qu'étant une sphère à l'image de son créateur et de son Dieu, ils auraient dû agir avec lui comme s'il était une sphère.

A l'image de son Dieu !.... Cela est si vrai, que tout ce que l'imagination de l'homme a enfanté, que tout ce que la fable a reproduit, par des créations bizarres ou sublimes, de ce monde ou d'au delà du monde, des *démons* et des *anges*, s'est ensuite établi comme vrai par la science.

Ainsi, voyez les fossiles, créations antérieures à vous, mais non à Dieu, qui a été lui dès le premier jour et qui sera jusqu'au dernier; lui qui est l'alpha et l'oméga, le principe et la fin, et que l'ame humaine reflète !.... Vous ne pouvez pas les nier, car elles sont là sous vos yeux avec toute leur hideur !... Le genre humain se ressouvenait donc de choses qu'il n'avait vues ni vivantes ni mortes ? Il y a donc des idées innées !... Ce sujet de tant de disputes dans le moyen-âge et qui a toujours été si misérablement traité jusqu'ici par les scholiastes et les pédagogues !

Ainsi de même, voyez les inspirations somnambuliques, les vues à distances, les prophéties, les résurrections, etc., des somnambules lucides !.....

Ils sont là aussi sous vos yeux, vous ne pouvez pas les nier. L'homme n'est donc pas tout ici ; il y a donc quelqu'un dans le monde, qui est plus que le monde, et que le monde réfléchit ; que le monde adore quand il est sous la direction de ses élus, quand chacun des hommes qui le composent est traité comme une *image de son Dieu*, comme s'il était une sphère enfin.

Or, si chaque homme est en soi un *petit monde*, *une sphère*, il ne peut être donné à *un autre homme*, que d'une manière *très-relative*, de *déterminer* sur lui *s'il est industriel*, *artiste* ou *savant ;* car, de même que la pensée, que la volonté une et multiple dont le monde est la manifestation, *est infinie*, de même l'homme est *un* et *multiple*, est *une image indéterminée*, *presque infinie*.

Aujourd'hui donc, il pourra arriver qu'il se livre à des actes, demain à penser, et peut-être à chanter, si son ame excitée et remuée par des figures antérieures ou présentes, ou des créations imaginaires, vient à lui représenter des choses ou extraordinaires ou sublimes.

Il ne serait donc pas exact de dire, en partant de l'existence certaine dans le monde de ces trois abstractions : *science*, *art*, *industrie*, que l'homme est *industriel*, *artiste* ou *savant*, car il est toujours tout cela plus ou moins; car il est à lui seul un monde: il est ici-bas une ébauche de Dieu qui est l'image infinie.

Tout cela n'est pas choses futiles, et quiconque n'y aura pas égard ne fondera aucun pouvoir; mais quiconque aussi les sentira bien et voudra les suivre, je marche avec lui ou sous lui, je me fais son frère ou son disciple.

D'un autre côté, il est encore moins exact de dire qu'il y a en l'homme douze passions; car en plongeant de *l'œil du cœur* dans la nature intime de l'homme, aussi bien que dans l'être *ontologique* (mais laissons ce mot sur lequel on peut trop jouer), on voit qu'il n'a qu'une passion : c'est le désir, c'est-à-dire l'amour; l'ambition n'étant pas autre, ou, que le désir *étendu*, *l'amour général* d'un être qui pouvant aimer plusieurs, aime plusieurs; à la différence de la femme qui aime plus *à la fois*, mais qui aime *un*.

Raison aussi, pour laquelle, l'action politique dans une société bien établie, c'est-à-dire constituée conformément aux vues de Dieu, ne rencontre jamais la femme; celle-ci se trouve en dedans, et l'action générale lui *passe*, si l'on peut s'exprimer ainsi, *par dessus la tête*.

Ou, que l'écart, que la déviation de l'amour sous une autre forme, comme la brigue du pouvoir, la poursuite des affaires ou des intérêts; non par amour du pouvoir ou des affaires en eux-mêmes, mais pour pouvoir, par l'autorité d'un côté, par les richesses de l'autre, arriver à l'amour.

Le sentiment de famille, l'amitié, ne diffèrent non plus en rien entre eux quant à leur nature; ils peuvent seulement différer et ils différent souvent en effet d'intensité : c'est l'amour moindre.

L'étude ou la réflexion, la variété ou le charme, et l'enthousiasme, ne sont pas autre chose non plus, que l'ame, se composant, se modelant, se variant, se multipliant comme la vie infinie, comme l'amour, l'essence absolue et unitaire, Dieu enfin dont l'homme est l'image imparfaite ici-bas.

Quant aux *sens*, ce sont des *lois organiques*, et non *des passions : l'essence de la passion étant de pouvoir être ou de n'être pas dans un moment donné*; Or, dans l'état normal de la vie, *l'appétit* vient toujours à la *même heure*, les yeux *voient* toujours quand ils sont *ouverts*, l'ouïe *entend* toujours le *bruit*, le *son* quand il vient *jusqu'à elle*, le tact, l'odorat de même enfin.

Je ne présente pas ceci comme de simples réflexions; mais comme des vérités éternelles qu'un avenir peu éloigné justifiera.

Comme on peut le voir par tout ce qui précède, je ne discute pas, parce que les faits et les principes que j'ai posés sont vrais comme l'existence de Dieu, dont ces principes démontrent la bonté, la puissance et la justice, et qu'en discutaut avee de tels principes on ne marche pas ; or, il faut avancer, car les signes des temps, qui sont visibles, disent de marcher au plus vite.

Mais je dois déclarer ici que j'aurais pu le faire, car j'ai des matériaux par milliers, et des plus puissans : il y a telle page de *Menou* dans les *Vedas*, qui a elle seule dit plus que tout ce que l'on sait dans l'Occident, la Bible comprise.

Et pourtant, Dieu n'entend pas donner aujourd'hui à l'Occident et à la terre, les institutes de *Menou* pour évangile, mais bien donner un évangile partant principalement de ces institutes, et non pour la plus grande partie des ténèbres théologiques de l'Occident, comme quelques personnes l'entendent par ignorance.

En deux mots, tout se réduit à ceci : l'homme au manoir du berceau de la création, contemple, admire, adore Dieu dans le monde, c'est-à-dire dans ses œuvres ; mais ce n'est pas le soleil matériel, la matière même, le monde physique que le *Gayatri* (*source des Vedas*) considère comme la lumière, qu'il prend pour Dieu, comme tant l'écrivent en criant au panthéisme : « c'est la lumière divine » qui éclaire tout, répand le bonheur partout, de qui » toutes choses procèdent, à qui toutes choses retournent, » et qui seule nous donne l'intelligence, la vie. » (Jones, institutes de *Menou* dans les Vedas.)

L'homme dans ses voyages vers les pôles au contraire, explore, considère, étudie le monde et Dieu en lui ; mais cela ne le conduit qu'à des vérités d'analyse, des connaissances pratiques : les premières, les principales *vérités* ne sont point à chercher en Europe, ni même en Arabie ; mais bien là où a été donnée la révélation ; c'est-à-dire dans l'Hindoustan, et *non dans l'Iran*, et *non en Chaldée* ; car quand l'homme serait *né* plus haut que la *presqu'île en deça du Gange*, il paraît n'avoir reçu la révélation, aperçu la lumière, que là et à sa base.

Or, comme il est sensible, que toutes les bibles latitudinales, dans les explorations de la sphère terrestre entreprises par le genre humain, n'ont été posées que comme des jalons de reconnaissance, des étoiles de consolation pour la route, le genre humain, de retour au logis, par ceux qui marchent à sa tête, n'entreprend un nouveau voyage qu'en s'orientant du point central, toutes les routes lui étant à présent connues !

J'ai fini......

Amable BELLÉE (de la Manche),

Rue Traversière-Saint-Honoré. n. 15, à Paris.

Quelques lecteurs tireront de ce qui précède et de ce qui suivra, la conclusion que je crois avoir la loi du mariage et de l'avenir de la femme, et c'est aussi ma foi. Mais je ne dois pas jeter ici sans préparation, un point théologique d'une importance aussi grave, parce que peu d'hommes sont en état présentement de le discuter (sans que cela pourtant demande beaucoup de temps non plus), et encore moins de le comprendre.

Toutefois, je pose ici que la femme ne parlera jamais; parce qu'un passé de plus quatre mille ans, qui présente, et décrit même l'avenir pour qui possède la lumière, dépose contre l'espérance qu'on pourrait avoir qu'elle le fît.

Dans tous les cas, voici toujours quelques points qui sont presque aussi graves ; je dis presque, parce que le mariage et la famille sont toute la société sur la terre, et que les intérêts matériels ne viennent qu'après, comme moyens; l'ame d'abord, la faim ensuite : Voilà l'homme, l'humanité !..... Quelques points dis-je, qui sont presque aussi graves, et que je présente non comme élaborés et insusceptibles de modifications, d'être écartés même en entier si le principe sur lequel ils reposent n'est pas admissible, toutefois, à peu près vrais, s'il est constant, mais que je soumets pour que d'autres y pensent.

On se rappelle, que dans la lettre qui est en tête, j'ai dit que l'enfantement auquel la société travaille est l'établissement universel du principe de la propriété intellectuelle, en remplacement du principe de la propriété matérielle et fatale; or, pour qui saisira encore ici la nature intime des choses, la solution sera à peu près comme suit :

1° Fond de la propriété, c'est-à-dire de la terre, à Dieu; domaine utile, aux hommes; car il ne les a établis dessus que comme des étrangers à qui il la loue. (Lévitique, ch. 25, v. 23);

2° Établissement du fond des populations en tribus, afin que les connaissances que l'homme possède aujourd'hui sur l'avantage de la division du travail et de la combinaison des efforts, puissent être mises autant à profit pour tous les travaux de l'ordre inférieure et commun, qu'elles l'ont été depuis long-temps pour les travaux de l'industrie, du commerce et de la science;

3° Détermination et classification faites de tous travaux par leur nature pour chaque contrée, et sur les lieux mêmes de chaque tribu en particulier, par le gouvernement; c'est-à-dire par Dieu en ses représentans. Et cela, eu égard à la température, à la nature des fonds, aux divers genres d'exploitations agricoles que cette nature de fonds comporte, et à la nature de fabrications des établissemens industriels déclarés devoir être annexés, et annexés ou posés en effet dans chaque tribu ;

4° Prix de tous ces divers genres de travaux, fixé et déterminé annuellement par le gouvernement ou Dieu en l'homme gouvernant ;

5° Établissement sur toute la terre, par le gouvernement ou Dieu en ce monde, de toutes les *villes* des tribus ; c'est-à-dire, de leurs édifices avec tous les instrumens, ustensiles, outils, etc., etc., dont l'homme ou l'humanité a besoin pour produire, moins les meubles et tout ce que l'homme a ou peut avoir pour son usage exclusif et ses plaisirs, chez lui, et qui sont du domaine individuel ;

6° La propriété du fonds de ces édifices, comme du fonds du sol, ne sortira jamais du domaine divin, afin qu'elle soit toujours à la disposition de la pensée unitaire ; c'est-à-dire du verbe incarné. La propriété utile, consistera dans la jouissance longue ou courte, selon la volonté individuelle humaine, et cette jouissance pouvant se transmettre, soit par convention, soit par succession, selon les lois éternelles successives, dans lesquelles la femme entrera toujours pour sa nourriture, des vêtemens et des fleurs, le tout selon son rang. Cette propriété ne s'appellera ni une jouissance, ni un usufruit ; mais une propriété autant que propriété peut être sur la terre dans les mains de l'HOMME simple créature ; elle pourra donc se posséder ou s'affermer comme le propriétaire possède aujourd'hui quand il exploite et qu'il habite, ou qu'il afferme et qu'il loue.

La valeur indéterminée et soumise à la volonté arbitraire des hommes, quant à sa vente, est toujours déterminée chaque année par les règlemens d'administration religieuse dépendant de l'unité, quant à sa location ou son revenu;

7° Ce qu'on appelle commerce aujourd'hui, c'est-à-dire des intermédiaires propriétaires de la marchandise entre le producteur et le consommateur, n'aura plus lieu; le transport et la distribution des produits étant des champs d'exploitation, la main-d'œuvre en sera également tarifée par le pouvoir, conformément au n° 3;

8° Les villes étant, ou le séjour de l'unité, ou des élémens supérieurs hiérarchiques de l'unité, elles seront également édifiées et maintenues par le pouvoir. Et quant à leur propriété, déterminée comme il est dit plus haut, elle sera dans les mains individuelles;

9° Enfin (l'unité), pontife, prince et père, sera élu par en haut, c'est-à-dire de prince régnant désignant son successeur, et le pouvant prendre partout où il voudra.

En cas de mort subite ou de démence du prince, le pro-pontife, élu par le conseil-d'état ou collége, élira, dans le premier cas, le prince; c'est-à-dire celui de tous qu'il jugera le plus digne de l'être, lui compris; et dans le second, il gérera la souveraineté jusqu'au rétablissement du prince régnant.

Tous les autres emplois de l'unité, depuis le chef de tribu jusqu'à la fonction de ministre de ses volontés et de la dignité collégiale, seront nommés par le prince et ses délégués. — La liberté de ce qu'on appelle la presse sera entière, ce moyen de parler et d'enseigner, n'étant pas autre dans le domaine de la pensée, que ne l'a été la charrue quant à l'agriculture, substituée au travail des mains. La nature de la propriété des journaux, déterminée et fixée, quant à ses produits annuels, comme il est dit ci-dessus, reste quant à sa valeur vénale, dans le domaine arbitraire des conventions.

Quiconque publiera ou avancera sciemment par le moyen de la presse, un fait faux, sera pour la première fois, *repris au nom de Dieu* devant la cité assemblée par le magistrat élu annuellement à cette fin par la cité entière, et sans urnes ni bulletins ; la seconde fois, il sera lapidé sur la place par le peuple assemblé.

Le droit de faire grâce et de commuer les peines, tel qu'il a été entendu jusqu'ici par les nations de la terre, sera plein et entier dans les mains du prince. Aucune grâce, aucune commutation de peine ne pourra avoir lieu de sa part pour crimes de liberté de la presse, ces crimes et leur punition étant entièrement en dehors du domaine de son pouvoir ; mais ceux-là seulement, tous les autres y restant.

Si l'homme est une intelligence, c'est aussi un corps, et même ce n'est une intelligence ici-bas qu'à la condition d'être un corps. Or, que dirait une religion, qui ne considérant l'homme que comme un esprit, voudrait cependant être un pouvoir ? Elle lui dirait sans cesse : vous êtes un » esprit, abstenez-vous de toutes choses sur la terre, car tout » ce que vous voyez est matière et comme tel péché ; vos dé- » sirs, vos mouvemens, les impulsions et les appétits que » vous éprouvez pour tout ce qui vous entoure, ne viennent

» pas de Dieu; c'est le malin esprit, c'est Satan, qui vou-
» lant votre perte, vous aiguillonne et vous pousse; il n'y
» a de perfection ni même de salut à attendre pour vous, que
» dans une lutte et une résistance de tous les momens. Mais,
» comme d'un autre côté, le mauvais génie, travaille sans re-
» lâche à vous tenter, par les mille dons et les mille beautés
» dont il pare la nature, vous ne pourrez résister toujours à
» la tentation, car la chair est faible; retirez-vous donc dans
» la solitude; plus vous fuirez la lumière, mieux vous fe-
» rez, l'antre le plus ténébreux, le plus obscur, sera le plus
» efficace pour le salut de votre âme.»

Or, on le demande, une conception fondée sur un pareil dogme, qui aurait pour principe fondamental que les choses ne sont pas les choses, que le monde n'est pas le monde; que l'homme n'est pas seulement une créature intelligente, mais bien une intelligence, serait-elle une religion? Non sans doute, ce ne pourrait être qu'une misérable et vaine rêverie métaphysique. Mais que si, pourtant, par une ignorance et une immoralité inqualifiables, on voulait en faire un code religieux, qu'y aurait-il à faire? Rien autre chose qu'à passer outre, éclairer les hommes de bonne foi, et, méprisant les misérables de tous les partis qui voudraient continuer de l'imposer pour la direction du monde, au nom de Dieu qui les proclame par ma bouche, *Echo en cela de celle du genre humain, des pervers et des impies*, à leur résister de toutes les manières; car, si à force d'ignorance et de mauvaise foi, ils sont arrivés à ne plus rien comprendre à ce qui se passe sur la terre, à ce que Dieu veut des hommes, ceux qui le savent, eux, ne doivent pas souffrir plus long-temps qu'ils continuent d'embrouiller toutes les notions de justice que Dieu a mises dans le cœur de ses enfans ; ne doivent pas les laisser ajouter encore au chaos et aux ténèbres insondables dont ils ont couvert l'Europe, et même bientôt la terre entière, par une propagande fondée sur les sentimens les plus infâmes, sur une rapacité et une déloyauté dont rien jusqu'ici, en dehors d'eux, n'avait donné l'exemple sur la terre.

En effet, ayant ainsi que je le démontrerai en d'autres temps, couvert autant de fois l'occident de l'Europe de ténèbres, qu'il est tombé de fois sous leur domination, Dieu ni les justes ne souffriront pas qu'il y retombe de nouveau, ce qui ne manquerait pas d'arriver pourtant s'ils nous abandonnaient ; car ces ignorans et ces athées, ayant mis l'univers et presque toutes les actions humaines dans le domaine du mal, ou les ayant laissées en dehors du code religieux, ce qui revient au même, l'intelligence universelle, toujours interprète de la vraie volonté du Seigneur, ne pouvait supporter une telle oppression, elle la brisa ; mais, comme conséquence inévitable, elle arriva à *nier Dieu et sa Providence*, à donner *à rire à Voltaire*, l'occasion à *tous*, mais surtout aux hommes à passions vives, c'est-à-dire à intelligence élevée, de violer d'abord une prétendue loi morale, parce qu'ils ne pouvaient pas, de même que Louis XIV, brûler toute leur vie, par exemple, d'amour pour la même femme, sans cesser pour cela de la respecter et de l'estimer ; conduire comme conséquence naturelle au relâchement de la régence et de la cour de Louis XV ; relâchement qui fait ainsi en dehors de la loi religieuse, et contrairement par conséquent à cette loi, (qui avait nié toutes les passiosn normales de l'âme humaine en cette vie), conduisait tous les grands au scepticisme, de là immédiatement à l'athéisme; et comme conséquence, à la déloyauté, à l'inhumanité de ces grands pour les pauvres, qu'ils pressuraient; et enfin, comme dernière et infaillible loi, au châtiment du ciel exécuté par le bras de la convention nationale. Et aujourd'hui, toujours comme conséquence rigoureuse, à l'universelle et impudente déloyauté qui brûle à petit feu l'ame de tous les élus de Dieu, et boit le sang de tous malheureux en Europe et en Amérique!

Et ce serait une pareille scélératesse qu'il faudrait laisser continuer!... s'en remettre encore une fois à l'Église de Rome, à l'athéisme jansénique des pédans, et de ces ignorans et pesans juges; au matérialisme fatidique des légistes, et des rhéteurs, du soin du salut futur et de l'existence ici-bas de deux cents millions de pauvres qui périssent de faim et de l'absence de toute consolation!... et cela, comme si on ne les avait pas tous surpris un million de fois en flagrant délit de la plus crasse ignorance, et par conséquent de la plus honteuse immoralité depuis plus de mille ans!

Aussi, voyez ce qui se passe de la part de l'Église, quand, une fois maîtresse de l'Occident, à la fin du sixième siècle, elle eut enfoui toutes les connaissances de la civilisation grecque et orientale? La remplace-t-elle alors par une autre, par quelque chose? Sait-elle même ce qui lui faut pour l'exercice du nouveau pouvoir, qu'au moyen de l'invasion de ses auxiliaires, les Germains, elle est un moment parvenue, sinon à saisir en entier, au moins à partager avec eux? Non, elle n'en sait rien; et si de l'état communal, agricole et prospère des Gaules, sous Théodose, et vingt autres empereurs depuis Auguste, on cherche ce que deviennent pendant plus de trois cent cinquante ans, quarante millions de cultivateurs répandus dans ce pays, dans l'Espagne et la Grande-Bretagne, et qui y grandissaient pourtant à vue d'œil sous l'activité et la gymnastique antiques, on les voit se fondre, mourir dès le berceau ; ou luttant contre la faim, la misère et le froid, périr dans des huttes, sur des feuilles et des herbes pourries, sous la crasse, la malpropreté, la lèpre et les maladies de peau qu'une si misérable existence ne pouvait manquer d'enfanter; ou bien encore, sous les brutalités et les coups d'un seigneur pire, sans contredit, que le praticien de l'ancien culte.

Et cela aurait pourtant toujours duré, si des hommes inspirés de Dieu, fatigués pour eux et leurs frères, d'une vie si ténébreuse et si mortelle, n'eussent prétexté de la conquête de la Syrie par un *soudan* d'Egypte, pour les lancer par croisades sur l'Orient! ne leur eussent fait voir la lumière qui y éclairait les nations ! respirer à l'aise dans une atmosphère purifiée, parcourir de riches provinces, traverser de belles villes, y admirer des femmes si séduisantes et si voluptueuses, auprès des satrouilles élevées pourtant par cette église dans l'Occident !...

Je sais qu'on va opposer ici l'esclavage, ce sujet de toutes les déclamations des ignorans, depuis 20 ans ; mais à eux je n'ai rien à répondre, leur intelligence est trop étroite et leur cœur trop froid pour comprendre. Je ne parle et ne veux parler qu'à un petit nombre d'hommes : à 15 ou 20 en Europe, par exemple, parce que ceux-là seuls peuvent saisir la lumière, en les mettant sur la voie ; parce que ceux-là seuls, pouvant embrasser d'un même coup d'œil, à la manière des grands législateurs de la terre, tels que *Moïse*, *Zoroastre*, *Jésus*, *Menou*, *Bouddha*, *Confucius*, l'homme, le monde et l'univers, et en déduire la loi; voir que l'esclavage qui a toujours existé dans toutes les sociétés politiques, existera jusqu'à la consommation des temps; que la loi prohibitive de l'esclavage et toutes les discussions sur la traite depuis 18 ans, ne sont que des monumens d'ignorance, de misérables déclamations attestant la pauvreté intellectuelle et religieuse du siècle; que seulement, son intensité décroissant en raison proportionnelle de l'éducation de Dieu sur ses enfans, il sera de plus en plus doux.

Que l'esclavage n'avait pas disparu de l'Occident au 7e ni même au 10e siècle, parce qu'on avait cessé d'y parler des textes dans lesquels il était mentionné; que les rhéteurs et les légistes de Rome, subtilisaient encore sur de misérables théories contractuelles, sur la vente de l'esclave *Stycus*, par exemple; les différentes clauses qu'il plaisait à leur imaginative de supposer dans un tel contrat, long-temps après que l'esclave *Stycus* et son maître étaient morts; que l'esclave n'était plus autre que l'*autorité qu'un homme de bien et instruit, aux formes déliées et au savoir supérieur, exerce toujours sur l'homme inculte, grossier et timide par conséquent;* que l'autorité qu'exerce peut-être encore aujourd'hui M. de Larochejacquelin sur certains habitans de la Vendée, dans les lieux où il a des terres.

Je leur ferais voir, que les 98/100es de cultivateurs prétendus esclaves des Romains mouraient dans le village ou sur le champ qui les avait vus naître, tout aussi heureux que les sales et perclus campagnards élevés par l'église dans tout l'Occident au moyen âge, et même encore aujourd'hui.

Et que si les Romano-Grecs levaient quelquefois des soldats parmi ces esclaves, loin d'en souffrir, ceux-ci, acquérant alors, en passant sous les étendards et les aigles, un droit au partage du pouvoir, pouvaient assister et assistaient en effet à tous les jeux et fêtes; allaient s'ils le voulaient aux enseignemens des philosophes, qui étaient en même temps presque toujours des prêtres, et à qui la parole, comme venant de Dieu, n'était nulle part défendue; car on ne s'était pas encore avisé alors de fractionner la pensée ou les actes d'un homme, et de dire : ceci est comme homme et ceci comme fonctionnaire; ceci est comme prêtre et ceci comme philosophe; tandis qu'on a fait de forts grands progrès sur tout cela depuis 40 ans où on n'entend que ces mots : *La vie privée doit être murée;* en sorte *qu'un homme fripon et immoral comme particulier, peut être réputé un très-loyal fonctionnaire, et un concussionnaire condamné pour péculat, un parfait et honnête père de famille, et mille et mille autres indignités semblables*, qui n'ont pu sortir que d'un siècle de ténèbres et d'athéisme, de la bouche d'hommes vulnérables par tous les points de l'ame et du corps, et qui cherchaient à faire une morale accommodée à toutes leurs iniquités. Mais la justice céleste viendra un jour, et rendra à chacun selon ses œuvres!....

Que ces esclaves, dis-je, pouvaient aller aux enseignemens des philosophes, ne se battaient au moins jamais sans la chance d'un riche butin, sans l'espérance de la possession des plus belles femmes, qui de leur côté, n'en étaient nullement fâchées, pas plus que ne le seraient aujourd'hui les femmes de *Paris*, de l'arrivée dans la capitale de quelques centaines de beaux états-majors étrangers, malgré tout ce que quelques hommes peuvent débiter sur les sentimens intimes des femmes.

Tandis qu'on n'enlève pas moins encore de nos jours, le jeune paysan à son père et à son champ, et cela sans sa volonté, de vive force, par des gendarmes ou des garnisaires, qui confisquent alors, s'il résiste, sa veste et l'écuelle de son père ; va servir de *matière a canon* sans chances de joies ni de richesses, et revient, s'il a échappé au carnage enfanté par toutes ces monstruosités, périr misérablement dans une hutte, de faim et de froid !

Arrière donc ceux qui ne savent ou ne veulent pas comprendre que le dogme chrétien, que surtout les développemens qui lui ont été donnés, étant en tout point contraire à la nature de l'homme ici-bas, par conséquent à la volonté de Dieu, ils sont cause de tous les malheurs, de l'anarchie, de l'athéisme et de l'impudente déloyauté sous lesquelles gémissent et périssent chaque jour les populations européennes, et américaines, leurs filles !

Que ces élaborations religieuses, loin d'avoir servi depuis long-temps le genre humain, lui ont beaucoup nui au contraire, et lui nuisent chaque jour. Et que si Dieu n'avait été plus fort que cette ténébreuse et ignorante tyrannie de l'église dans l'Occident, l'humanité y serait encore couverte de crasse, de lèpre, de haillons, marmotterait sans les comprendre, d'absurdes et insultantes formules de prières à Dieu, quand l'homme a tant d'hymnes et de louanges à lui adresser pour ses inépuisables bienfaits !....

En effet, tout ce que le genre humain a acquis en Europe depuis le commencement des croisades, c'est-à-dire depuis plus de six cent cinquante ans, ne le doit-il pas aux peuples des autres religions, ou d'inspirations suggérées par l'apparition des productions de ces peuples? Oui, assurément.

Sous ce rapport même, il est à remarquer, que la vue par les occidentaux de tant de richesses et de joies des autres peuples, quand ils étaient, eux, si misérables, les mit dans une telle indignation, que les innombrables travaux d'observation et d'analyse sur le monde physique, auxquels ils n'ont cessé de se livrer depuis lors, ont été *autant entrepris en haîne d'une si ignorante église, qu'en vue d'acquérir des richesses.* Mais qu'en cela comme en toutes les autres parties de l'Univers, que cette malheureuse conception avait mises dans le domaine du mal, ou laissées en dehors de son code, ce qui, comme je l'ai dit, revenait au même, il en est encore résulté, que les *explorateurs et les savans, confondant Dieu avec ses mauvais interprètes, une religion véritable et ses symboles, avec les inepties et les symboles de cette religion, ont dit : Dieu n'est pas!... Le monde est le produit de la matière, le travail n'a pas d'ouvrier, l'édifice d'architecte, etc., etc. Et alors, les pervers et les aveugles, entendant là à côté, ont frappé des mains et répondu : A merveille!..... Je n'avais pas de richesses, dit l'un à part-lui, mais je vais en voler; l'exécution de mes engagemens allait diminuer ma fortune, dit l'autre, mais je les nie, je m'en moque à présent, etc., etc.!..* Et la terre s'est alors couverte de ténèbres et d'iniquités, à tel point que les hommes de bien, le cœur navré et le visage sillonné par les larmes, descendent tous les jours au tombeau en doutant de Dieu et de sa justice, eux pourtant dont toute la vie fut de croire en lui et de l'adorer!...

Ah! misérables! Vous croyez que cela durera toujours! Que parce qu'il paraît avoir abandonné ses élus et le monde, il vous a livré pour toujours la terre! et que parce que vous avez des injures, des chaînes et des bourreaux, vous les empêcherez de parler! de vous dénoncer!... Détrompez-vous! je n'ai pas peur de mourir, et ma voix retentira bientôt si haut, qu'elle ira jusqu'à l'Eternel au sommet des cieux! Mais avant, il me faudrait un moment de tranquillité, pour rassembler et coordonner mes idées, et votre enfer s'y oppose; car je n'attends plus le Messie, j'ai la lumière et la foi qu'elle comporte!.....

N'imprimant que parce que je n'ai pu obtenir du journal l'Européen, du Phalanstère, ni du Messager des Chambres, l'insertion de la lettre ci en tête, je n'ajoute rien en plus à ce qui la suit. D'ailleurs, si on doit profiter de la presse comme moyen de multiplier la parole, des émissions et distributions abondantes de volumes sont loin de servir à la diffusion et à l'adoption de certaines grandes vérités; car ces vérités arrivant ainsi par la facile voie de l'achat ou de la remise d'un livre, font croire aux ignorans et à cette cohue d'êtres vicieux dont l'Europe et l'Amérique regorgent, qu'il s'agit d'une chose ordinaire, d'une publication telle quelle, ou de quelque misérable et scandaleux roman comme presque tout ce qui s'imprime. Or il faut mieux mourir de faim que de se faire lire moyennant quelques oboles de ces personnes. Et quant aux derniers, eussent-ils d'ailleurs un million de rente, l'homme de bien ne doit pas les leur laisser seulement salir des yeux!....

www.ingramcontent.com/pod-product-compliance
Ingram Content Group UK Ltd.
Pitfield, Milton Keynes, MK11 3LW, UK
UKHW020412220726
13923UKWH00004B/1889

9 782019 715397